COACHING PARA EL ÉXITO

CARLOS EDUARDO SARMIENTO LADINO

E-mail:carloseduardoscoach@mail.com

Móvil: 3505470393

Bogotá, Colombia,

Introducción

Coaching para el Éxito

"El Proceso para lograr lo que te mereces y quieres"

La verdadera vida está más allá de trabajar y ganar dinero, lo más extraordinario de la vida está en hacer aquello para lo que no tenemos tiempo y todos sabemos que es IMPORTANTE

En una maravillosa reflexión que hizo el Dalai Lama dijo lo siguiente:

No entiendo Porque….

La gente pierde la salud para ganar dinero y después pierde el dinero para ganar salud

Las personas pensando en el futuro no disfrutan del presente y como consecuencia no viven ni en el presente ni en el futuro

Porque la sociedad actual vive como si no fuera a morir nunca y muere como si nunca hubiera vivido

Estas palabras son la mejor introducción para explicar porque usted y cualquier persona necesitan leer este libro y tomar una decisión inteligente frente a su vida. Todos los seres humanos tenemos la maravillosa oportunidad de nacer y poder vivir en este maravilloso mundo como no lo imaginamos.

Pero la triste realidad es que muy pocas personas mueren habiendo tocado su mejor melodía, muy pocas personas utilizan todo su potencial y llegan al siguiente nivel en todas las áreas de la vida.

Mi propuesta es muy concreta, retante y poderosa, el Coaching es una maravillosa herramienta para poder liberar potencial, desbloquear nuestros límites y alcanzar todo aquello para lo cual estemos dispuestos a pagar el precio, y si usted ya leyó el ACERCAMIENTO AL COACHING, previo a esta introducción ya estar un poco más conectado con el concepto de Coaching y lo que este puede hacer por usted.

El Autor

ÍNDICE

UN ACERCAMIENTO AL CONCEPTO DE *'COACHING'*

Estimado lector, seguir los pasos propuestos le ayudará a descubrir y potencializar sus verdaderas fortalezas y habilidades llevando sus sueños, deseos y necesidades a Resultados Reales. Como su 'coach' me propongo ayudarle a descubrir su propósito, hacer de usted un constructor de destinos, un hacedor de sueños y un Líder transformador.

Bienvenidos a una nueva experiencia de aprendizaje a lo largo de las siguientes páginas.

'COACHING PARA EL EXITO

Toda propuesta requiere, para ponerla a caminar, un previo acercamiento al concepto o conceptos que maneja, facilitando la familiarización con los mismos, de tal manera que en lugar de convertirse en impedimento para una clara comprensión, se constituya en instrumento de dominio común entre el proponente y quien recibe la propuesta. Este es el caso de la palabra 'COACHING', tal y como el autor se propone utilizarla. El término debe ser explicado para aquellos que lo escuchan por primera vez y, reconfirmado a quienes ya están familiarizados con el concepto y posiblemente con su uso.

¿Qué es entonces el 'coaching'?

Para lograr un cabal acercamiento al término *'coaching'*, es necesario abordarlo desde tres ángulos diferentes:

- Primero desde sus raíces etimológicas. Esto se logra desde dos palabras. Una de origen Anglosajón, *'COACH'*, que es la figura clásica de un Entrenador deportivo. La otra, COCHE, procede del francés, y aduce a un antiguo carruaje que transporta personas de un lado para otro.

- El segundo ángulo en mención nos lleva a través de la historia. El término en sí, parece un esnobismo y una nueva técnica o estrategia organizacional. Sin embargo, nada está más lejos de la realidad. Definitivamente, el *'coaching'*, no es algo nuevo pues tenemos datos de personas que trabajaron en procesos similares y en conceptualizaciones básicas de *'coaching'* desde hace más de 20 años.

- Podemos referir los orígenes de los términos *'coaching'* ejecutivo y *'coaching'* organizacional, a los programas que para el desarrollo del liderazgo, fueron creados y propuestos en los años 80s; y los términos relacionados con *'coaching'* personal, a algunos desarrollos hechos en Nueva York hacia 1960.
  Si quisiéramos ir más hacia atrás, algunos estudiosos

proponen los orígenes del 'coaching en las antiguas civilizaciones, basándose para el caso en lo que conocemos como la mayéutica socrática. A su vez, su uso en las prácticas deportivas se remonta a la primera edición de un libro titulado "El juego Interior del Tenis", de Tim Gallwey, quien curiosamente, era a la vez, experto en educación y en tenis, en Harvard.

El señor Gallwey propuso una idea extraordinaria y poderosa para su época. Lanzó una frase que con el tiempo se convirtió en un verdadero reto, fijando por decirlo así, el comienzo de lo que hoy conocemos como 'Coaching', en sus diferentes tipos y escuelas. El señor Gallwey dijo:

–"El oponente que habita en la cabeza del propio jugador, es más formidable que el que está al otro lado de la red".

Actualmente hay tres fuertes

movimientos o corrientes en el 'coaching' moderno.

Por una parte está la escuela europea, con exponentes como el inglés David Stringer de *Momentum and Training Partnership*.

Por otro lado tenemos la escuela americana, en la que destacan figuras como Ken Blanchar, Antony Robins, Paul J Meyer y Marschall Goldsmith.

Finalmente, existe la escuela latinoamericana, conocida como 'Coaching' Ontológico. En esta escuela confluyen personalidades latinoamericanas, como Humberto Maturana y Rafael Echevarría, quienes han dado mayor valor a los procesos conversacionales; destacando al leguaje y la charla interna de cada ser humano, como los factores que diferencian los resultados obtenidos por unos y otros.

La principal diferencia entre estas escuelas es que mientras la escuela americana y la europea, se centran en las acciones, hábitos, conductas y en lo que hay que hacer; la escuela latinoamericana, hace mayor énfasis en el lenguaje y en la interacción entre el pensamiento y las palabras.

En cuanto a corrientes y estilos, no se puede decir que uno es mejor que el otro. Todo profesional del *'Coaching'*, debe desarrollar un acercamiento a cada uno de ellos, conociendo suficientemente bien las herramientas y metodologías, para usarlas, implementar, transformar o renovar, según sea la necesidad, el entorno y las características específicas de aquellos a favor de quienes vamos a intervenir.

- Y el tercer ángulo es el concepto que proponemos y por el cual sustentamos nuestra propuesta de *'coaching'*, en nuestros procesos y por supuesto, en este libro.

Nota: Todos los conceptos, herramientas y propuestas que encontrará a continuación, y que nos proponemos compartir con usted, pertenecen al Sistema METAMORFOSIS, un sistema desarrollado por Carlos Eduardo Sarmiento Ladino y sustentado por Transformational Leadership Coaching Institute TLCI.

Sistema de *'Coaching'* METAMORFOSIS

Para entender el poder del *'coaching'*, tenemos que conectarlo con el concepto de liderazgo, y para eso, hablaremos de tres estadios del liderazgo según se exponen a continuación:

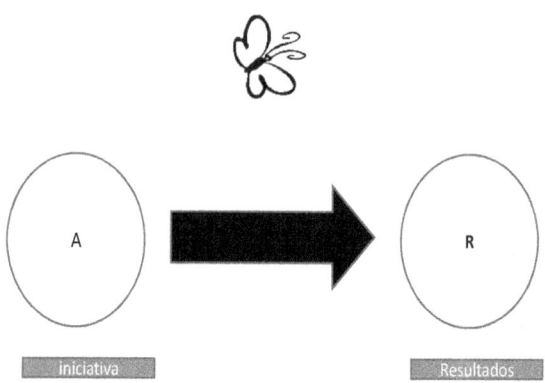

Todos los seres humanos, sin importar a lo que nos dediquemos durante la vida, siempre y continuamente nos moveremos en estos tres estadios. Conviene pues, que sepamos a qué nos referimos con cada estadio y cuál es la diferencia entre estos.

Estadio 1. INICIATIVA. Piense en alguna persona que usted conozca que no tenga: iniciativa, sueños, deseos o anhelos... Definitivamente ¡todos los seres humanos tenemos sueños! Pero la reflexión, es que no todos logran realizarlos.

Estadio 3. RESULTADOS.
Aceptémoslo o no, el mundo de hoy exige, paga y cataloga a cada persona por el nivel y la calidad de resultados que proyecte. Entonces, el estadio 3 se convierte en la evidencia de un liderazgo genuino. Es el resultado de un hacedor de Sueños; de un gestor de ideas, de un emprendedor y de un visionario.

Estadio 2. PROCESO. Este es el estadio en el que la gran mayoría se muestra débil. El estadio hace referencia a las acciones diarias, a los hábitos de poder, a la tenacidad, a la disciplina y a la perseverancia. Es aquí, sobre este estadio, que EL *'COACHING'*, *propiamente,* ejerce su labor.

El modelo de *'coaching'* ABC., tal vez

9

uno de los más sencillos y prácticos que existen, permite hacer un paralelo con la propuesta de tres estadios, conectándolos de la siguiente manera, para que podamos comprender un proceso de la forma más sencilla:

Estadio 1.   Iniciativa.
                         A

Estadio 2.   Proceso.
                         B

Estadio 3.   Resultados.   C

El punto A se refiere al estado actual de la persona que va a a recibir el *Coaching'*, es decir, el *`coachee'.* Este marca exactamente el lugar de partida, o la realidad de la persona a la que le haremos *`Coaching'*; la que a su vez recibirá *`Coaching'.*

El punto C se refiere y representa al estado deseado. Los sueños, la visión; el destino o cosas que se quieren alcanzar. Además, evidencia cuando el

10

proceso de '*Coaching*', es bien ejecutado.

Por último, el punto B señala específicamente todo lo que se tiene que hacer, aprender, cambiar, dejar de hacer o potencializar, para llegar del punto A al punto C.

Basados en este paralelo entre el sistema METAMORFOSIS y el modelo ABC, antes de entrar al proceso de '*Coaching*', usted debe definir para sí mismo, por lo menos un objetivo claro, que incluya los tres estadios del liderazgo y del sistema METAMORFOSIS.

❖ Estadio 1. Iniciativa. Mi estado actual es (*lo que quiero o necesito cambiar*) es:……………………………………… ……………………………………… ……………………………………… ……………………………………… ……………………………………… ……………………………………… ……….

❖ Estadio 3. Resultados. Mi visión final *(lo que quiero y anhelo*

11

lograr en una área o rol especifico):

Es:...
....
....
....
....
....
....
....
....
....
....
....
....

❖ Estadio 2. Proceso. Mi análisis. (qué es aquello que creo que me falta; que no anhelo hacer o dejar; que no quiero, que no he aprendido o transformado; que me impide lograr el resultado deseado):
....
....

....

....

....

....

....

....

....

En la siguiente gráfica visualicemos una aplicación del sistema METAMORFOSIS a través de preguntas:

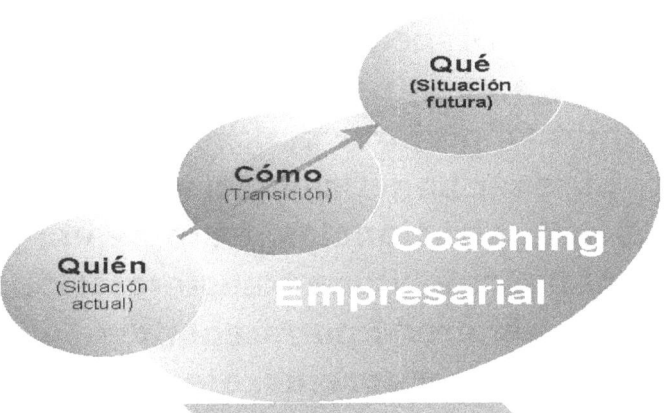

Estadio 1: (Quién), Estadio 2:

(Cómo), Estadio 3: (Cuándo)

Para el buen aprovechamiento de este manual y el audio libro anexo, definamos 'Coaching', de manera tal que resulte fácil, común y comprensible a todos.

El 'Coaching' es una conversación con intercambio de distinciones, en el que un 'coach' (liberador de potencial) y un 'coacheé' (potencial en proceso), interactúan para conseguir unas metas, mejorar el desempeño, y obtener beneficios personales y organizacionales, fruto de un aprendizaje y una transformación, generado por preguntas poderosas y aprendizajes llevados a la acción.

Nuestra Metodología de *'Coaching'*

METAMORFOSIS

En todas las intervenciones siempre se propondrá que se gesten cuatro resultados fundamentales como evidencia de los procesos de *'Coaching',* representados en la siguiente gráfica:

Auto CONOCIMIENTO	Mejoramiento del Desempeño
Cambio de Conducta	Transformación

El sistema de *'Coaching'* METAMORFOSIS, es resultado de mi experiencia en procesos personales y organizacionales de transformación en gestión del cambio; sustentándome en las teorías, sistemas y conocimientos que adquirí a través de los años.

La base METAFÓRICA y junto con el paralelo que da origen al nombre METAMORFOSIS, se da en el proceso de vida de la mariposa MONARCA, una de las mariposas más hermosas del mundo, que posee gran capacidad de liderazgo y que a lo largo de su vida, vive procesos de cambio y transición, cuando tienen que volar miles de kilómetros para huir del invierno.

Observemos a continuación el Paralelo que construye la propuesta de `Coaching' METAMORFOSIS. El siguiente grafico es el paralelo existente entre el proceso de Coaching METAMORFOSIS, y las cuatro etapas de desarrollo de la mariposa MONARCA.

Sistema de Coaching
Transformacional METAMORFOSIS

En la siguiente figura nos encontramos con el equivalente transformacional y de acción en el Coaching de cada una de las 4 etapas de transformación de la mariposa MONARCA.

Fases del Proceso de Coaching
METAMORFOSIS

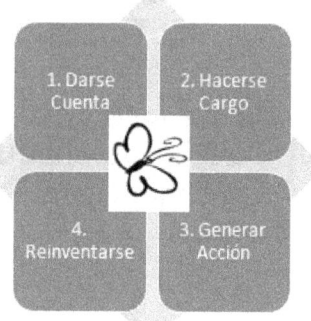

Cuando como coach o coacheé nos encontramos ante un Quiebre o una situación particular en donde no podemos avanzar, o ante un reto que no hemos podido alcanzar, nuestra tarea es Liberar el potencial, al generar nuevas Distinciones en alguna de las siguientes 5 áreas:

Las 5 llaves de Influencia del Coaching METAMORFOSIS

> Filosofia
> Actitud
> Emociones
> Actividad
> Vision y Herramientas

Normalmente en que momentos o situaciones particulares el Coaching puede ser un proceso posibilitador:

Razones Primarias para contratar un coach

- Etapas de Cambios
- Descubrir o liberar potenciales
- Metas desafiantes o criticas
- Problemas o crisis
- Alianzas o implementaciones de Tecnologia
- Generar un Plan de Desarrollo Personal

¿Cuáles son las evidencias de que un

proceso de Coaching es efectivo?

El Decálogo de Un Proceso de Coaching

1. Crear conciencia
2. Facilitar cambios
3. Llevar a las personas a hacerse cargo
4. Ser un espejo para saber donde se esta
5. Lograr una reflexión activa para evaluar actitud, beneficios y consecuencias de decisiones y acciones
6. Reconocer las verdaderas necesidades de una persona o empresa
7. Crear espacios y agendas de aprendizaje
8. Consolidar un Plan de acción
9. Hacer seguimiento evaluación y mejoramiento
10. Lograr transformación interna y manifestación física de los resultados acordados

Las siguientes son las 6 etapas del proceso de trasformación del Coaching:

Proceso de Transformación

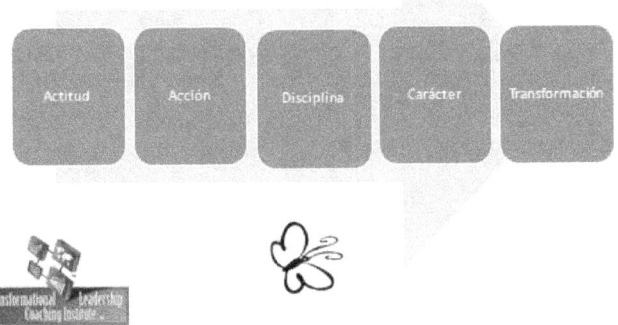

"La gente no se resiste al cambio; se opone a ser cambiada".

Peter Senge

"Los hombres al tener noticias de muchas cosas sin aprendizaje, creerán ser muy doctos, pero realmente no sabrán nada"
Socrates

"Nada absolutamente nada significativo se logra en una vida, si no se ha logrado cambiar y dominarse a sí mismo".

Carlos Sarmiento

Estimado lector, finalizada esta introducción y hecho el acercamiento al concepto de *'COACHING'* y sus procesos, solo resta invitarle a que se despoje de todo preconcepto, paradigma, percepción o creencia, que tenga a estas alturas. Que se abra a una nueva experiencia de aprendizaje, involúcrese en este maravilloso viaje de Coaching para el Desempeño y póngase una meta específica, un objetivo claro que quiera lograr al finalizar su proceso de *'Coaching'* personal.

Si hay algo, un sueño, un anhelo, una meta o un deseo que haya querido lograr en su vida personal o profesional, y que hasta ahora le haya resultado imposible, por favor, retómelo, especifíquelo, escríbalo, comprométase y apasiónese de tal manera que sólo DEPENDA DE USTED.

Mi meta o resultado deseado es:

Capitulo # 1

¿Qué es el Éxito?

Si nos acercáramos a conversar con cualquier persona en cualquier lugar del mundo, y le preguntáramos si nos pudiera definir o darnos alguna idea de lo que significan las siguientes dos palabras: Éxito y Fracaso, definitivamente tendría su propia versión., y una buena respuesta.

En mi experiencia de trabajo con muchos clientes personales y corporativos he descubierto que todos dan 5 causas principales como las responsables del fracaso o de la falta de Plenitud en la vida de las personas:

- ❖ No hay dinero suficiente
- ❖ No tengo tiempo para lo realmente importante
- ❖ No he dado con las relaciones correctas
- ❖ No tengo salud
- ❖ No sé cómo lograrlo

Y si usted se familiariza o está de acuerdo con alguna de estas 5 opciones es porque usted no se ha dado a la tarea de contestarse las 3 preguntas más importantes en la vida de cualquier persona:

1) ¿Qué es exactamente lo que quiere para su vida? (ser, hacer y tener)
2) ¿Cuáles son sus Metas y Objetivos en la vida para los próximos 3 meses?
3) ¿Cuál es su Propósito? (Su Razón de Ser)

En mi vida tuve la fortuna de aprender a disfrutar de la lectura y de apasionarme por este tema del Liderazgo, el Coaching y todo lo que tenga que ver con la optimización del talento humano. Y en esa búsqueda después de por lo menos 20.000 horas de estudio, escuchar por lo menos 1000 audios, haber leído 4000 libros y haber tomado infinidad de seminarios, no me cabe la más mínima duda de que todos necesitamos el Coaching, todos necesitamos de un Entrenador, de alguien que crea en nosotros, que nos acompañe, que nos enseñe y nos diga NO TE RINDAS.

En esta búsqueda personal también creía tener mi propia definición de éxito o fracaso, pero con el tiempo, fueron los grandes maestros de Liderazgo y del desarrollo personal, los que me enseñaron realmente lo que esto significaba,

"Si las personas fueran capaces de tener un pequeño atisbo de lo que son capaces de hacer, se quedarían perplejas."

ALBERT EINSTEIN

En 1957 un Hombre en los Estados Unidos de América escribió una frase que influyó positivamente a muchos de los líderes mundiales de lo que se conoció como superación personal o desarrollo personal en la década de los 80s y los 90s.

Ese hombre se llamaba Earl Nightingale y dijo que el Éxito era:

"La Realización progresiva de un ideal digno"

Y miremos como la mayoría de las personas que podríamos llamar más exitosas y felices en el mundo a través de la historia, han tenido en común que de una u otra forma han vivido esta definición.

Pero el verdadero detonante del Liderazgo y la Excelencia humana está en descubrir, vivir y cumplir el PROPOSITO. Y tu propósito es único, personal e intransferible y lo lograras cuando puedas contestar con facilidad la siguiente pregunta:

¿Para qué fue que yo nací?

La Persona Completa:

MI mentor y Coach Paul J Meyer me enseño este maravilloso principio que es uno de los más poderosos y significativos para alcanzar el éxito y la excelencia; y todo está dicho en la Frase que Paul J Meyer acuño en 1960 y que era la profundización y la resignificancia de la frase de Earl Nightingale, y es que la definición del Éxito es:

"La realización progresiva de Metas personales,

predeterminadas, Y valiosas en todas las Áreas de la Vida"

Y entonces aquí está la respuesta, no alcanzamos el éxito y la excelencia porque no se nos ha enseñado, no nos hemos decidido y no hemos sabido como tener un PLI (Un Plan de Liderazgo Integral). Que nos permita crear éxito y equilibrio en todas las áreas de la vida al mismo tiempo.

Las personas debemos entender que hay suficientes razones valiosas para levantarnos y decidirnos a tener éxito, en todas las áreas de la vida y para eso nos encontramos una maravillosa herramienta conocida como él Diagnostico del Equilibrio Humano©.

Ejercicio: Diagnostico del Equilibrio Humano©:

Frente a cada área nombrada califíquese con un círculo, en el número correspondiente en el que usted siente que esta, basado en la siguiente escala:

1= a: Área Crítica

5= a: Área en desarrollo Mediano

10= a: Área en máximo Desarrollo

Área	1	2	3	4	5	6	7	8	9	10
Salud										
Familia										
Amistades										
Finanzas										

Educació n										
Espiritual idad										
Trabaj o										
Diversi ón										

Capitulo # 2: Las Barreras

"La excelencia y el Éxito nunca serán resultado de la suerte o el Destino, por el contrario solo llegara a quien lo desee, lo planee y lo ejecute con Maestría"

Jim Collins

La mayoría de las personas nunca encuentran el tiempo, para hacer lo que es realmente importante, y muchas veces eso incluye dejar atrás sus sueños y aun su propósito. Mi mentor Paul J Meyer me enseño la importancia de esto cuando dijo:

"El éxito de un Líder, está en su agenda diaria, porque

El Tiempo NO SE ENCUENTRA, Se Programa"

He encontrado en mi experiencia como Coach de empresarios y profesionales que realmente son tres las barreras que existen entre la normalidad y la grandeza de cualquier ser humano, en cualquier lugar del mundo y las apreciaremos a través de la siguiente Matriz de Poder©

La Matriz de Poder:

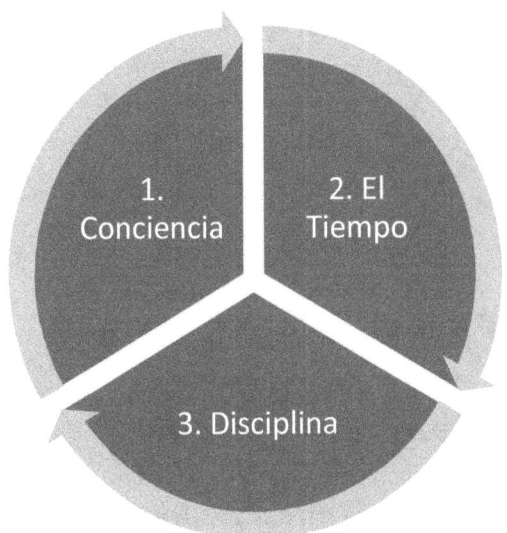

Dicho de otra forma existe algo que se llama Diferencia Marginal, que es lo que marca la real diferencia entre las personas exitosas y las fracasadas y están manifiestas en la matriz de poder, acerquémonos entonces una a una:

Elemento UNO: CONCIENCIA

La conciencia representa la capacidad de Visión de una persona, y también representa el nivel de madurez de los seres humanos. Las personas con mayor visión y con mayor madurez están listas para ver más allá y determinar para sí mismos que es lo realmente importante en la vida.

Elemento DOS: EL TIEMPO

El tiempo es la verdadera moneda de la Riqueza genuina. Dime entonces cuanto tiempo tienes, cuánto vale una hora de tu tiempo y que vas a hacer con ese tiempo y te diré a donde llegaras y quien eres. Hemos ignorado por tanto tiempo el verdadero valor del tiempo, que desperdiciamos tristemente mucho tiempo valioso en la vida, en cosas y objetivos equivocados.

Elemento TRES: DISCIPLINA

La Disciplina es la esencia de los grandes líderes, es el detonante de los resultados, los cambios, la transformación, la disciplina engrandece y forja el carácter. La disciplina tiene que ver con elementos como: El proceso, la persistencia y la tenacidad. El asunto es que los seres humanos tendemos a desertar con facilidad, nos rendimos fácilmente, no queremos pagar el precio, pero si queremos los beneficios y nos encantaría encontrar atajos para todo.

El Poder de la Responsabilidad Personal:

La más maravillosa conclusión a la que he podido llegar después de 17 años de estudio, de búsqueda personal es que tenemos una maravillosa noticia para todos los seres humanos y es que **TODO DEPENDE DE USTED....**

Lo único que necesitamos para alcanzar el éxito y la excelencia, en lo personal o empresarial es volvernos expertos en responsabilidad personal, dicho de otra manera debemos llegar a estar en capacidad de HACERNOS CARGO de nuestra vida y reconocer que nosotros mismos somos la causa de Todos nuestros RESULTADOS.

Basados en nuestra experiencia y nuestro trabajo con empresarios, emprendedores, líderes y gerentes de negocios sabemos que existen 5 virus que son los que nos impiden ser 100% responsables:

Los Virus:

1. Confusion

5. Libertad
Mal
Entendida

2.
Impresicion

4. Sin
Destino

3.Manejo
Emocional

Estos 5 virus son la esencia de la
IRRESPONSABILIDAD que a mi criterio

es uno de los mayores males que tenemos en el mundo de hoy, acerquémonos un poco a ellos:

CONFUSION: Es una de las maneras más fáciles de pesimismo, negativismo y de buscar culpables, en cualquier lugar que no seamos nosotros mismos

IMPRESISION: Como seres humanos nos gusta pasar mucho tiempo en lo intangible, nos gusta más aprender que aplicar, mandar que obedecer, saber que vivirlo, nos ocupamos de mantenernos en la zona cómoda y no queremos ir más allá.

MANEJO EMOCIONAL: Muchos de nuestros comportamientos y conductas están fundamentadas en lo que nos da el entorno, y las influencias externas. Siempre será más fácil, actuar por reacción, que actuar por propósito.

SIN DESTINO: Solo el 3 % de la población mundial tienen Metas por escrito y de forma correcta, porque por lo mismo que somos intangibles, creemos que no es importante tener las cosas por escrito, y pensamos que la mente lo puede todo.

LIBRTAD MAL ENTENDIDA: Como seres humanos no nos gusta ser retados, no nos gusta rendir cuentas, y es por eso que no sabemos medir, y no entendemos el poderoso valor que tiene el medirnos (o evaluarnos) a nosotros mismos y hacernos seguimiento o acompañamiento.

Y desde el Coaching para el Éxito la respuesta es aprender a manejar e implementar los 5 Elementos de la Responsabilidad Personal:

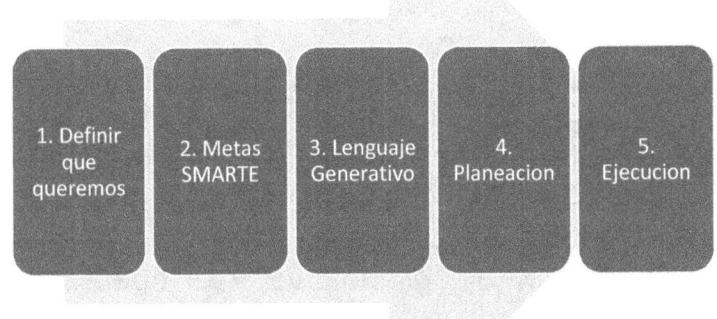

Capitulo # 3: El Proceso de Cambio

Para poder lograr Resultados extraordinarios y llegar al siguiente nivel en cualquier área de nuestra vida o de nuestra empresa, si no lo proponemos, debemos contar con UN PROCESO SISTEMATICO Y ORGANIZADO que nos permita garantizar resultados.

Es este proceso el que realmente marca la diferencia entre los que desean y los que logran, los más grandes líderes de la humanidad y los grandes estudiosos del desarrollo humano, el aprendizaje y el liderazgo, han llegado a la firme convicción de que sin DESARROLLO PERSONAL SOSTENIDO no existirán cambios genuinos y resultados sostenibles.

Y es a ese Desarrollo Personal Sostenido lo que llamaremos el PROCESO DE CAMBIO en este manual de Coaching para el Éxito.

El Proceso de Cambio de Coaching

para Resultados ©:

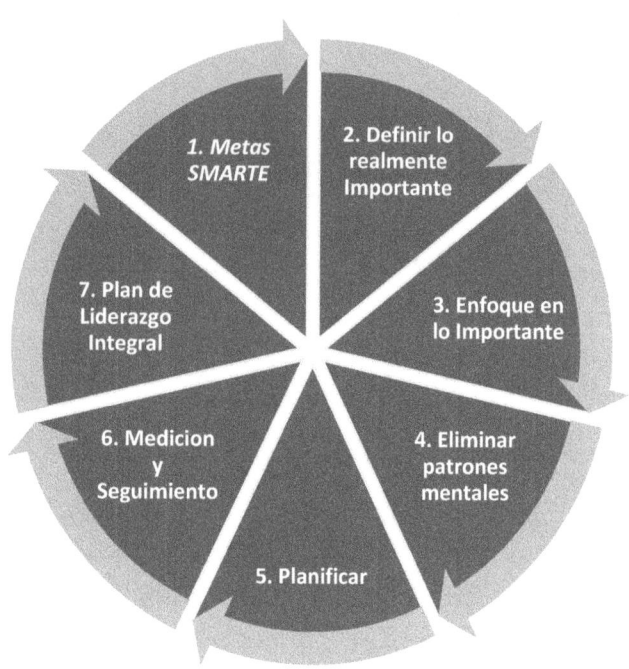

Acerquémonos a cada uno de los elementos del proceso:

❖ METAS SMARTE:

Debemos tener la capacidad de trasladar por escrito aquello que

42

queremos, para convertirlo en una Poderosa META Smarte que significa una meta:

S: Especifica

M: Medible

A: Alcanzable

R: Realista

T: Tangible en el tiempo

E: Ecológica y Espiritual

❖ DEFINIR LO REALMENTE IMPORTANTE:

Siempre que cualquier ser humano se dé a la tarea de lograr algo, siempre se encontrara con problemas de concentración y de pérdida de tiempo. Aunque muchas veces se sabe que se quiere, no siempre se sabe que es lo realmente más importante a la hora de querer lograr esto.

❖ ENFOQUE EN LO IMPORTANTE

43

Una vez se sabe que es lo realmente importante, hay que trabajar en resolver como podemos garantizar disciplina y persistencia diaria en cuanto a poder decidir mantenerse en lo importante, y luego si darse tiempo para lo demás.

❖ ELIMINAR PATRONES MENTALES:

Los patrones mentales se refieren a todo aquello que nos estorba, nos confunde y nos limita, que se origina en nuestra menta, es nuestra conversación interna, son nuestros hábitos, costumbres y condicionamientos limitantes. Lo indicado aquí es deshacernos de todos los patrones mentales que nos limitan, o nos impiden alcanzar el resultado que nos hemos propuesto.

❖ PLANIFICAR:

La planificación es el arte de prever el éxito y consiste en tres acciones específicas:

- ✓ Pensar y Analizar
- ✓ Planificar y Agendar
- ✓ Proteger y Honrar

❖ **MEDICION Y SEGUIMIENTO:**

Nada de lo que se decida que se quiere o se necesite, suele lograrse debido a que a las personas no les gusta o no saben cómo medirse y mucho menos se dan a la tarea de hacerse un seguimiento serio para conocer sus tendencias.

❖ **PLAN DE LIDERAZGO INTEGRAL**

Este paso del proceso de cambio se refiere a algo que conocemos como las acciones de mejora, que no es otra cosa que los cambios y ajustes de los planes, basados en los resultados de la medición y el seguimiento, los cuales se deben hacer periódica y persistentemente hasta que se logre manifestar los resultados en el mundo físico.

Capitulo # 4: LENGUAJE GENERATIVO

El ser humano es un ser maravilloso y potencialmente increíble, somos únicos en toda la creación y fuimos diseñados a imagen y semejanza de Dios como dice la Biblia en génesis 1:26. La misma Biblia dice que el poder de la vida y la muerte está en la Boca y más exactamente la conecta con la metáfora del manejo de la lengua.

Y actualmente, y simplemente confirmando lo que la Biblia afirma el Coaching Ontológico, nos dice que el ser humano es un ser LINGUISTICO, es decir un ser que crea, o destruye a través del poder y del enfoque de su lenguaje.

"Diseñar el futuro no es hacer planes en el mismo modelo mental, Si no en transformar el modelo mental, por medio del poder de la Actitud y el Carácter"

Paul J Meyer

Si estamos realmente comprometidos con nuestro cambio y con la construcción de nuestro éxito personal u organizacional, debemos asumir la responsabilidad de controlar y renovar nuestra manera de pensar y de hablar, porque definitivamente el Lenguaje es una de nuestras más fuertes herramientas a la hora de querer cambiar y de construir el mundo que nos merecemos y queremos.

El lenguaje es tan importante que se manifiesta en todo lo que hacemos y en todas las relaciones que nos rodean, ya que el lenguaje es la esencia de la COMUNICACIÓN.

A través del lenguaje nos comunicamos con otros, nos comunicamos con nosotros mismos y manifestamos de forma audible todos nuestros pensamientos y percepciones del mundo que nos rodea, o de todo aquello que permitimos pasar por nuestra mente.

Desde la ontología del lenguaje y para hacernos más efectivos se nos brinda una nueva DISTINCION o forma de ver el poder del lenguaje como ente generativo a través de lo que conocemos como los ACTOS LINGUISTICOS BASICOS, y para facilitar nuestro estudio y proveernos de herramientas prácticas que nos ayuden a Superar las BARRERAS MENTALES nos vamos a acercar a los **8 ACTOS LINGUISTICOS BASICOS:**

1. **Afirmaciones:** Proposiciones que se originan de nuestro Observador personal
2. **Declaraciones:** Es una forma en que podemos afectar el mundo que nos rodea de forma positiva o negativa y lo manifestamos a través de: Juicios, Ofertas, promesas y peticiones
3. **Peticiones:** Acción para buscar o pedir ayuda o apoyo
4. **Promesas:** Es lo que decimos para expresar compromiso
5. **Ofertas:** Capacidad de servir, apoyar o entregarse
6. **Quejas y Reclamaciones:** Posibilidad de actuar frente al incumplimiento y la irresponsabilidad o incapacidad de alguien

7. **Juicios:** Son una toma posición frente a cualquier cosa que percibimos a través de todos nuestros sentidos
8. **Creencias:** Lo que decidimos creer bueno o malo, liberador o limitante, basados en nuestra experiencia

Ejercicio:

a) Como va a utilizar estas maravillosas herramientas lingüísticas a la hora de construir y consolidar resultados:

En lo personal:

En lo Organizacional:

DECLARACIONES DE PODER

Área o Foco de Resultado:
Declaración 1:
Declaración 2:

Declaración 3:

Declaración 4:

Declaración 5:

Capitulo # 5: LIBERANDO EL POTENCIAL

Cuando nos acercamos al Coaching y conocemos herramientas prácticas, tenemos la maravillosa posibilidad de aplicarlas en nuestra propia vida nosotros mismo, y es a eso a lo que llamaríamos Auto-Coaching. Para poder hacernos Coaching a nosotros mismos debemos recordar algunas cosas básicas y luego adentrarnos en una maravillosa y práctica herramienta de Coaching llamada El Modelo GROW.

¿Qué es el Coaching?

El Coaching es un proceso resultante de una relación genuina entre un entrenador y entrenado, que busca llevar a la persona al siguiente nivel

¿Cuáles son los tres elementos fundamentales que deben existir para saber que estamos haciendo Coaching?

Los tres elementos son:

- Un Coach
- Un Coacheé (aprendiz)
- Una Meta o un Objetivo

¿Cuáles son los resultados más prácticos que evidenciamos en un proceso de Coaching?

Los resultados del Coaching los podemos agrupar en 4 áreas:

- ✓ Liberación de Potencial
- ✓ Eliminar Bloqueos
- ✓ Alcanzar metas
- ✓ Elevar Criterios mentales

El Modelo Grow como herramienta:

El modelo GROW es justamente uno de los modelos más reconocidos y exitosos para la mejora personal y profesional que se ofrece en la industria del Coaching. Utilizando un marco aparentemente simple, el modelo GROW proporciona una poderosa herramienta para destacar, obtener y maximizar el potencial interno a través de una serie de conversaciones de Coaching secuencial.

El nombre del modelo GROW responde a un acrónimo de (G) OAL (meta), (R) eality (realidad), (O) ptions (opciones) y (W) ill (plan de acción), destacando los cuatro pasos clave en la implementación del modelo GROW. Al trabajar a través de estas cuatro etapas, el modelo GROW aumenta la conciencia de las propias aspiraciones del individuo, una mayor comprensión de su situación actual, las posibilidades que se les abren, y las acciones que podrían llevar a cabo para alcanzar sus metas personales y profesionales.

La estructura del modelo GROW

Paso 1 del modelo GROW – ¿Cuáles son sus Objetivos?

• Identifica y explica el tipo de objetivo a través de la comprensión de los objetivos finales, metas y objetivos de progreso en el camino.

• Proporciona la comprensión de los principales objetivos y aspiraciones.

• Clarifica el resultado deseado de la sesión.

Paso 2 del modelo GROW – ¿Cuál es la Realidad?

• Evalúa la situación actual en cuanto a las medidas adoptadas hasta el momento.
• Explica los resultados y efectos de las acciones realizadas con anterioridad.
• Facilita la comprensión de los obstáculos internos y los bloques actuales, que impiden o limitan la progresión.

Paso 3 del modelo GROW – ¿Cuáles son sus Opciones?

• Identifica las posibilidades y alternativas.

• Esquemas y preguntas: una variedad de estrategias para la progresión.

Paso 4 del modelo GROW – ¿Qué acciones se llevarán a cabo?

• Proporciona una comprensión de lo que se ha aprendido y lo que se puede cambiar para lograr los objetivos iníciales.

• Realiza un resumen y un plan de acción para la implementación de los pasos identificados.

• Describe los posibles obstáculos en el futuro.

• Considera el logro continuo de los objetivos, y con el apoyo y desarrollo que puedan ser necesarios.

• Las estimaciones de la certeza de compromiso con las acciones acordadas.

• Destaca la forma de rendición de cuentas y el logro de los objetivos.

¿Cómo utilizar el Modelo GROW?

El modelo GROW es en realidad una herramienta práctica y sencilla que corresponde a la práctica de saber implementar un Formato como la guía maestra de cualquier conversación de usted consigo mismo, con su familia, con su equipo, con sus colaboradores o con quien quiera utilizarla.

La efectividad de este modelo la podremos sopesar a medida que nos volvamos más prácticos en su uso, la experiencia nos ayudara a entender su valor, y la esencia del modelo GROW se fundamente en su sencillez en donde se afectan tres áreas importantes a la hora de lograr RESULTADOS:

> ➢ El Diseño de Conversación
> ➢ El aprovechamiento del Tiempo y el mantener el FOCO
> ➢ La rendición de Cuentas que lleva a la acción

Para que usted aprenda a utilizarlo y lo lleve a la práctica en su mundo en las hojas siguientes encontrara los formatos correspondientes y algunos datos adicionales que facilitaran su uso.

El Modelo GROW

Un sólido proceso de cambio y desempeño de cuatro etapas.

- ❖ Objetivo
- ❖ Realidad
- ❖ Opciones
- ❖ Responsabilidades

Organización:	
Nombre:	
Cargo:	
Situación o Quiebre:	
Objetivo (Meta):	Realidad: (la verdad objetiva)
Opciones: Posibilidades	Responsables y Acciones

Guía de Direccionamiento para sesión personal o Grupal con Modelo *GROW*

Objetivos: Metas	Realidad: verdad Objetiva
• Acuerde (n) cual es el tema a tratar, el quiebre o la situación crítica. • Defina un objetivo claro y específico para esta sesión de trabajo • También puede trabajar	• Invite a la autoevaluación, y pida las opiniones de todos, piense en todos los puntos de vista. • Busque identificarse con otros casos o historias. • Evite que un solo punto de vista o visión se imponga.

con objetivo a mediano o largo plazo si lo considera apropiado.	
Opciones: posibilidades	*Responsables y Acciones*
• Escriba y ponga a la vista de todas las posibles opciones de solución o salidas. • Invite a todos a proponer por absurdas que	• Consiga compromiso específicos de acción y responsabilidad. • Genere un plan • Identifique los posibles obstáculos • Planee acciones detalladas durante un tiempo acorde a sus

parezcan • ofrezca sugerenc ias con cuidado y sin imponer • Asegúres e de que las opciones sean realistas y que esté en manos de los involucra dos las solucione s.	necesidades • Genere acuerdos aganar ganar.

Preguntas Inteligentes para el Modelo GROW

Objetivos: Metas	Realidad: verdad Objetiva
▪ *La temática*	▪ *Lo que es realmente*

de la que quiere hablar ▪ *Las preguntas que usted quisiera hacer o compartir* ▪ *Los resultados que usted quisiera conseguir* ▪ *Lo que usted quisiera cambiar o transformar en este proceso* ▪ *Esta usted seguro de que esto es posible conseguirlo en este tiempo, o con la*	*la situación actual* ▪ *Como sabe usted que esta es la verdad* ▪ *Esto es algo que solo lo afecta a usted o a otros, a quienes afectan.* ▪ *Cuanto control tiene usted frente a esta situación* ▪ *Como se siente usted o los otros frente a esto* ▪ *Cuáles son*

gente y recursos que tenemos.	los obstáculos que ve ▪ *Cuales recursos cree usted que vaya a necesitar* ▪ *Si en sus manos estuviera cambiar esta realidad exactamente usted que haría*
Opciones: posibilidades	*Responsables y Acciones*
▪ **Que opciones reales o caminos hay para lograr solucionar o alcanzar esto** ▪ **Qué haría**	▪ **Cuál es la opción definitiva por la cual va a optar** ▪ **Cuáles van a ser los indicadores para saber que**

usted o ustedes si ustedes tuvieran más recursos o más control sobre la situación • Qué haría usted si pudiera volver atrás o comenzar de nuevo • Quién tiene la capacidad de ayudarle • Que capacidad es o talentos debe tener quien le pueda	lo está logrando • Cuáles son los 10 pasos exactos del plan de acción • Cuál va a ser el comportamiento y las opciones, si se encuentran problemas u obstáculos en el camino • Cuál sería el apoyo que podría necesitar • Quien o quienes deben saber, y se deben

ayudar • **Que sería lo que daría el mejor resultado** • **En que opción le va a gustar más comprometerse**	involucrar • **En una escala de 1-10 que tan comprometido va a estar usted con el curso de acción delimitado** • **Cuáles son las características del acuerdo ganar-ganar** • **Hay algo más de lo que tengamos que hablar**

Capitulo # 6: Plan de Liderazgo Integral

"Que vaya a ser Así, depende de Mi"

Robert H Schuller

"La Información sin aplicación es entretención,
Porque la acción es el detonante del Líder"

El Plan de Liderazgo Integral consiste en darse permiso y comprometerse a crear un plan de Vida personal, potenciador y movilizador para todas las áreas de la vida y que tenga un alcance mínimo de 6meses.

Los siguientes son los elementos que deben contener tu PLAN DE LIDERAZGO INTEGRAL:

- ❖ Planeación Estratégica Personal: Misión, Visión, propósito y Valores
- ❖ Un DOFA personal(Debilidades-Amenazas-Oportunidades-Fortalezas)
- ❖ Lista de Deseos o Anhelos (21 cosas que quiero ser-hacer y tener)
- ❖ MI Foco (7 metas específicas para los próximos 12meses)
- ❖ Planes de Acción
- ❖ Mapa de Sueños
- ❖ Hoja de Aprendizajes
- ❖ Hoja de Gratitud

Misión

Visión

Mis Valores

Mi DOFA

Debilidades	Amenazas

Fortalezas	Oportunidades

Lo que quiero SER

Lo que quiero HACER

Lo que quiero TENER

Mi Lista de Sueños ilimitados

Mi cuadro de Mando

Perspectiva Financiera	Perspectiva Externa

Perspectiva de Aprendizaje y Desarrollo	Perspectiva Interna

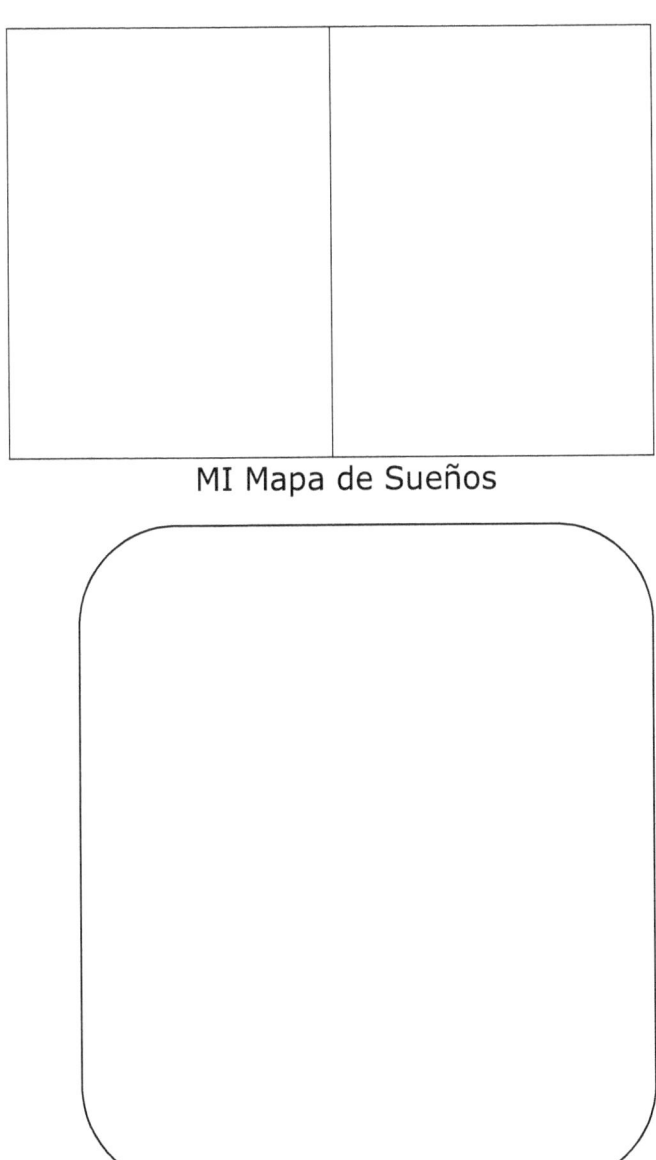

MI Mapa de Sueños

Matriz de Tiempo

Mi peor uso del Tiempo	Mi mejor uso del Tiempo

Matriz de Foco

Que es lo Realmente Importante en Mi trabajo	Que es lo Realmente Importante en Mi vida

Capitulo # 6: El Poder de la Gratitud

Como coach, como empresario, como ser humano y como creyente no podría despedirme de mis lectores, sin invitarles a disfrutar del maravilloso poder de la GRATITUD.

A varios de mis más grandes líderes y mentores les aprendí algo increíble que podríamos resumir en esta frase:

"Quien no es capaz de aceptar y agradecer su presente y su Realidad, no está listo y no es digno de ser elevado al siguiente nivel"

Hay también una práctica de la Cultura hawaiana de limpieza espiritual que propone el trabajar de manera personal y permanente con las siguientes palabras:

Te amo, Lo siento, perdóname, Te

necesito, Gracias

Y estas palabras son poderosas y todas hacen parte del LENGUAGE GENERATIVO, que desde la ontología del Coaching proponemos aprender y utilizar, miremos entonces qué significado tiene esto:

TE AMO: Esto es la capacidad de movernos en el más grande sentimiento y pegamento del universo que es el Amor, Dios nos dijo ama A tu prójimo, COMO a TI mismo.

LO SIENTO, PERDONAME: Es la humildad en acción, cualquier persona que es capaz de reconocer que fallo, que cometió errores, es digno de crecer y de que se le den miles de oportunidades

TE NECESITO: Es la manifestación de que los seres humanos somos poderosos en conjunto, es la capacidad de reconocer nuestra dependencia de otros, y es a lo que llamamos inteligencia relacional.

GRACIAS: y no podía faltar la palabra poderosa GRACIAS, que es la manifestación plena de un corazón y un espíritu agradecido por lo que se tiene y lo que se ha vivido, y eso nos prepara para recibir más bendiciones y llegar al siguiente nivel.

Y aquí como en el resto del libro de Coaching para el ÉXITO, nada toma sentido si no lo llevamos a la práctica y lo evidenciamos, así que lo invito a atreverse a hacer el EXPERIMENTO DE LA GRATITUD.

El experimento de la Gratitud:

Consiste en atreverse durante 30 días seguidos a darse cuenta, reconocer y confesar GRATITUD, por lo que se ES, por lo que se TIENE, por lo que se HACE y por todo lo demás. Y para eso al finalizar de este capítulo se encontrara usted con el Diario de la Gratitud, y lo único que usted tiene que hacer, es comprometerse a sacar de 10 a 20 minutos diarios, a cualquier hora del día para llenarlo y declarar en voz alta lo que encontró gracias a su Diario.

Mi Diario de GRATITUD

Día 1: Gracias por lo que Soy, tengo, Hago, recibo, consigo

Día 2: Gracias por lo que Soy, tengo, Hago, recibo, consigo

Día 3: Gracias por lo que Soy, tengo,
Hago, recibo, consigo

Mi Diario de GRATITUD

Día 4: Gracias por lo que Soy, tengo, Hago, recibo, consigo

Día 5: Gracias por lo que Soy, tengo, Hago, recibo, consigo

Día 6: Gracias por lo que Soy, tengo,
Hago, recibo, consigo

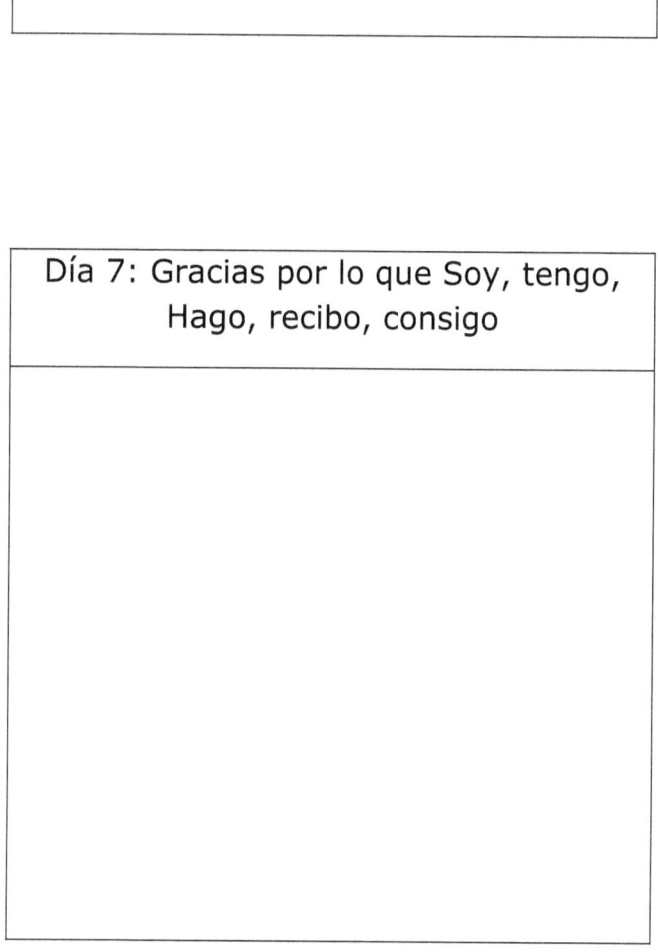

Día 7: Gracias por lo que Soy, tengo,
Hago, recibo, consigo

Día 8: Gracias por lo que Soy, tengo,
Hago, recibo, consigo

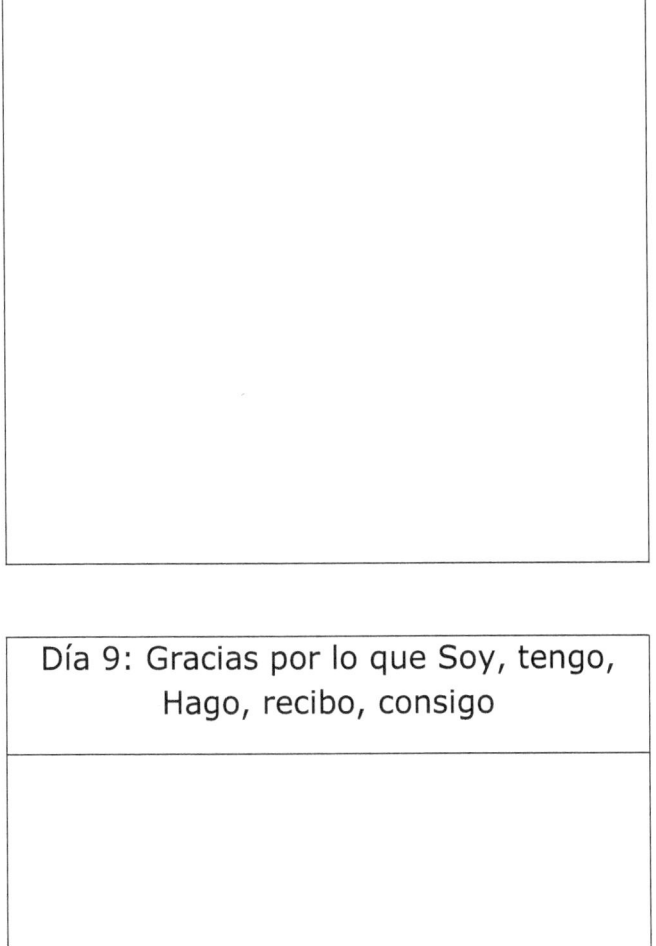

Día 9: Gracias por lo que Soy, tengo, Hago, recibo, consigo

Día 10: Gracias por lo que Soy, tengo, Hago, recibo, consigo

Día 11: Gracias por lo que Soy, tengo,
Hago, recibo, consigo

Día 12: Gracias por lo que Soy, tengo,
Hago, recibo, consigo

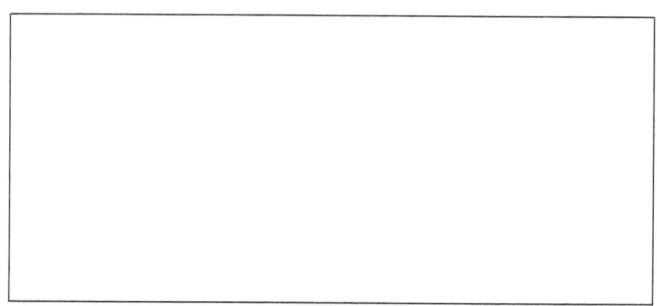

Día 13: Gracias por lo que Soy, tengo, Hago, recibo, consigo

Día 14: Gracias por lo que Soy, tengo, Hago, recibo, consigo

Día 15: Gracias por lo que Soy, tengo, Hago, recibo, consigo

Día 16: Gracias por lo que Soy, tengo,
Hago, recibo, consigo

```



```

Día 17: Gracias por lo que Soy, tengo, Hago, recibo, consigo

```



```

Día 18: Gracias por lo que Soy, tengo, Hago, recibo, consigo

Día 19: Gracias por lo que Soy, tengo, Hago, recibo, consigo

Día 20: Gracias por lo que Soy, tengo, Hago, recibo, consigo

Día 21: Gracias por lo que Soy, tengo, Hago, recibo, consigo

Día 22: Gracias por lo que Soy, tengo, Hago, recibo, consigo

Día 23: Gracias por lo que Soy, tengo, Hago, recibo, consigo

Día 24: Gracias por lo que Soy, tengo, Hago, recibo, consigo

Día 25: Gracias por lo que Soy, tengo, Hago, recibo, consigo

Día 26: Gracias por lo que Soy, tengo,
Hago, recibo, consigo

Día 27: Gracias por lo que Soy, tengo, Hago, recibo, consigo

Día 28: Gracias por lo que Soy, tengo, Hago, recibo, consigo

Día 29: Gracias por lo que Soy, tengo, Hago, recibo, consigo

Día 30: Gracias por lo que Soy, tengo, Hago, recibo, consigo

El Día de los Milagros

Si usted logro llegar hasta aquí, y cumplió el darse a la tarea de durante 30 días seguidos SER AGRADECIDO, yo no tengo la más mínima duda, de que usted atrajo milagros o RESULTADOS INIMAGINABLES a su vida o a su negocio, y el espacio a continuación es para que escriba algo de eso maravilloso que paso.

Nota: *Si quiere compartir con el Autor alguno de sus milagros, envié un mensaje al email: carloseduardoscoach@gmail.com*

Sobre el Autor

CARLOS EDUARDO SARMIENTO L

Es un coach profesional experto en Resultados y Desempeño, conferencista, consultor y escritor con una trayectoria avalada de 15 años en Management, Recursos Humanos y Entrenamiento en Ventas.

Consultor en Productividad y Desarrollo Organizacional, Máster Coach de Tranformational Leadership Coaching Institute TLCI, Coach profesional de ICC International Coaching Comunity y Máster Coach de la ICL International Coaching Leadership.

Facilitador profesional de Aprendizaje experiencial con 12 años de Experiencia en trabajo con empresas, organizacionesy personas.

Es Certificador de Coach Profesionales del modelo de TLCI en Latinoamérica

Entrenador de entrenadores y Consultor representante en Servicio al Cliente de Service Quality Institute el líder global del Servicio al cliente.

Director Y Fundador de la Empresa de Consultoría y Desarrollo en Liderazgo EMERGIENDO.

Sobre Nosotros

www.emergiendo.com

¿Qué Hacemos?

Trabajamos de manera personalizada con Líderes, gerentes, profesionales independientes y dueños de negocios ayudándoles a mejorarse a sí mismos como personas, a desarrollarse como líderes empresariales y a que se hagan cargo de su empresa o proyecto llevándolo al siguiente nivel.

Le ayudamos a conseguir, sostener y mejorar RESULTADOS de forma garantizada

Nuestros Servicios

❖ *Capacitación a la medida de Sus Necesidades*
❖ *Escuelas de ventas*

- ❖ *Culturas de Servicio al Cliente*
- ❖ *Escuelas de Liderazgo*
- ❖ *Entrenamientos Corporativos*
- ❖ *Coaching personal*
- ❖ *Coaching Ejecutivo*
- ❖ *Coaching en Ventas*
- ❖ *Coaching de Equipos*
- ❖ *Coaching Organizacional*

Informes y Contactos

www.emergiendo.com

Móvil:57- 3505470393

www.ingramcontent.com/pod-product-compliance
Lightning Source LLC
Chambersburg PA
CBHW070600220526
45467CB00003B/1258